Nix für die Tonne!

32 Ideen zur Müllvermeidung

Karine Balzeau

Illustrationen : Laurent Audouin

Nix für die Tonne!

32 Ideen zur Müllvermeidung

arsEdition

Inhalt

Für Éléa und Alice, weil die kleinen Herausforderungen des Alltags, die wir gemeinsam bewältigen, das Leben interessanter machen.

Vorwort

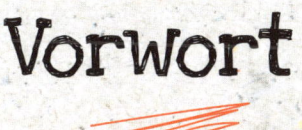

Plastiktüten, die sich im Geäst der Bäume verfangen, überquellende Abfalleimer, die Weltmeere verseucht von riesigen Müllteppichen, Zigarettenkippen und Kaugummis auf den Bürgersteigen – das ist ganz bestimmt nicht die Welt, in der wir alle gerne leben möchten.

Aber auch wenn es auf den ersten Blick nicht so scheint – wir alle können unseren Teil dazu beitragen, dass dieser gewaltige Müllberg kleiner wird. Es ist nicht einfach, dieser Welt aus Plastik mit ihrem Verpackungswahn etwas entgegenzusetzen. Aber in diesem Buch findest du 32 tolle Ideen, wie auch du zum Umweltschutz beitragen kannst. Pack's an und hilf mit, die Erde wenigstens von einem Teil des Mülls zu befreien, an dem sie zu ersticken droht!

Marie, das Marienkäfer-Mädchen

Einleitung

Sag mal, Marie, was ist eigentlich Abfall?

Das Lexikon sagt: Als Abfall bezeichnet man Material, das bei der Bearbeitung von Ausgangsstoffen und beim Betrieb von Produktionsanlagen unvermeidbar anfällt und für das man keine oder nur begrenzte Verwertung findet, unterschieden in feste, flüssige und gasförmige Abfallstoffe.

Ähm, ich versteh nur Bahnhof.

Mit anderen Worten: Alles, was weggeworfen wird, ist Abfall.

Ah, die Definition ist mir lieber!

Aber was weggeworfen wird, ist noch lange nicht unbrauchbar — vieles kann wiederverwendet oder recycelt werden.

Das kann ich mir gut vorstellen.

Stimmt es, dass es zu viel Abfall gibt?

Nur was gar nicht mehr zu gebrauchen ist, gilt als Restmüll. Der muss eingesammelt und entsorgt werden, damit er nicht die Umwelt verschmutzt.

Jeder Deutsche wirft im Jahr durchschnittlich etwa 460 kg Abfälle in die Tonne.

Dazu kommen noch die Abfälle, die von Industrie und Unternehmen, von der Landwirtschaft oder z. B. von Krankenhäusern und Arztpraxen erzeugt werden. Insgesamt kommt man so auf über 400 Millionen Tonnen, das sind rund 5 Tonnen pro Kopf.

Das ist ja wahnsinnig viel!

Ein Teil des Abfalls wird bei uns recycelt, der Rest wird zur Energiegewinnung verbrannt oder landet auf Mülldeponien.

Was kann man denn da machen?

Jede Menge! Wichtig ist schon mal, dass du dir das Problem bewusst machst. Und was du im Alltag für »Zero Waste« tun kannst, erfährst du auf den folgenden Seiten.

Die Ideen

LOS GEHT'S!

IDEE NR. 1

Müll trennen - auch in deinem Zimmer

Aufgepasst — die Mülltrennung funktioniert nicht überall gleich! So gibt es zum Beispiel in vielen Gemeinden eine blaue Papiertonne, in anderen bringt man das Altpapier selbst zum Container oder es gibt eine Altpapiersammlung. Aber zuerst musst du mal in deinem Zimmer Ordnung schaffen ...

Ich bin ganz verwirrt — so viele Abfalltonnen! Und dann ist es auch noch bei uns zu Hause anders als bei den Großeltern!

Das stimmt. Aber so kompliziert ist es nun auch wieder nicht. Wichtig ist, dass du alles, was recycelt werden kannst, richtig entsorgst: Glas, Papier und Pappe, Verpackungen und Biomüll.

Alles klar!

Und der Rest kommt in die Restmülltonne: Taschentücher, Windeln, Heftpflaster ...

Aha. Und wie mache ich das jetzt am besten?

Pass auf, ich zeig's dir!

LOS GEHT'S!

1

Finde heraus, was alles in den Gelben Sack oder die Gelbe Tonne gehört. Manche Gemeinden geben eine Abfallfibel heraus. Du kannst die Informationen aber auch im Internet finden, zum Beispiel auf der Website deiner Stadt oder bei der Entsorgungsfirma, die für euch zuständig ist.

2

Wirf in deinem Zimmer nicht alles in denselben Mülleimer, sonst musst du den Abfall hinterher mühsam trennen. Zwei Behälter genügen: einer für Recycling-Material und einer für Restmüll. Du kannst zum Beispiel Papier und Verpackungsmaterial (wie etwa Shampooflaschen) in einem kleinen Pappkarton sammeln. Und in den normalen Abfalleimer kommt alles, was sich nicht recyceln lässt, wie etwa Tesafilm.

3

Wenn die Eimer voll sind, dann kommt der Restmüll in die Restmülltonne. Alles andere wird sortiert und getrennt entsorgt.

IDEE NR. 2

Kompost aufsetzen

Die Kompostierung ist ein natürlicher Vorgang, bei dem organisches Material – also zum Beispiel Gemüsereste oder Gartenabfälle – langsam verrottet. Im Lauf der Zeit entsteht so Komposterde, die du als Dünger für den Garten verwenden kannst.

Was ist denn das für eine große Holzkiste ganz hinten in deinem Garten?

Das ist meine Kompostmiete – der beste Freund der Erde!

Das Ding soll der beste Freund der Erde sein?

Ja! Würmer und Mikroorganismen helfen, meine Abfälle auf ganz natürliche Weise umzuwandeln – ohne dass irgendetwas abtransportiert oder verbrannt werden muss.

Ah, das klingt ja nicht schlecht. Bringst du's mir bei?

Na klar! Komm mit ...

LOS GEHT'S!

1

Wenn ihr zu Hause einen Garten habt, kannst du dort einen Komposthaufen anlegen. Es geht manchmal auch auf dem Balkon, dafür gibt es spezielle Anleitungen in Gartenbüchern. Es gibt fertige Kompostmieten zu kaufen, du kannst aber auch selbst eine bauen. Auf den Kompost kommen alle organischen Abfälle: Apfelbutzen, Bananenschalen, Kaffeesatz, rohe Gemüsereste … Was nicht hineingehört: Gekochtes und Tierisches, wie z. B. Käseabfälle!

2

Vermische die feuchten Küchenabfälle mit trockenem Material (welkes Laub, dünne Zweige), und zwar in folgendem Verhältnis: zwei Drittel feuchte Abfälle auf ein Drittel Trockenmaterial.

3

Die Mischung von Zeit zu Zeit umschichten, um sie zu durchlüften.

4

Nach einem bis mehreren Jahren (je nach Klima und Größe des Komposthaufens) haben sich die Abfälle auf natürliche Weise in einen tollen Dünger für den Garten verwandelt!

IDEE NR. 3

Recycling-Papier herstellen

Die Herstellung von Papier trägt in manchen Teilen der Welt zum Verschwinden von Wäldern und zur Umweltverschmutzung bei. Die gute Nachricht ist, dass Papier sich bis zu fünf Mal recyceln lässt. Dazu musst du es nur in die richtige Tonne werfen!

He, dein Papier ist aber nicht besonders weiß. Ist das schon benutzt?

Nein, schau her, es ist noch verpackt!

Aber wenn es neu ist, wieso ist es dann nicht richtig weiß?

Weil es Recycling-papier ist!

Aber wozu ist das gut, wenn es noch nicht mal weiß ist?

Es schont die Bäume und spart Wasser. Und man braucht keine giftigen Zusatzstoffe, um es zu bleichen. Das spart Geld und ist umweltfreundlich. Willst du lernen, wie man es herstellt?

LOS GEHT'S!

1

Schneide Zeitungspapier in Streifen und leg sie in eine Wanne mit Wasser.

2

Knete das Papier mit den Händen, bis ein zäher Brei entsteht.

3

Bau dir einen Schöpfrahmen aus Holzleisten und einem feinen Gitter (Fliegengitter). Leg einen zweiten, gleich großen Rahmen ohne Gitter darauf.

4

Leg die beiden Rahmen in die Wanne und rüttle vorsichtig, bis sich eine kleine Menge des Papierbreis gleichmäßig innerhalb des Rahmens verteilt hat.

5

Heb die beiden Rahmen vorsichtig aus dem Wasser. Der Papierbrei muss eine lückenlose Schicht bilden. Andernfalls musst du noch mal von vorn anfangen.

6

Heb den ersten Rahmen ab und leg ein Stück Filz auf das Blatt. Dreh den Rahmen um und drück darauf, um das überschüssige Wasser herauszupressen, so lange, bis das Blatt sich abziehen lässt. Jetzt musst du es nur noch flach hinlegen und fertig trocknen lassen.

Ein Raumspray mit Zitrusduft machen

Hast du gewusst, dass die Luft in unseren Häusern manchmal stärker verschmutzt sein kann als die Außenluft? Farben und Lacke, Klebstoffe und Verkleidungen aus Kunststoff können Schadstoffe abgeben.

Hast du nicht irgendeinen Trick auf Lager, um den Gestank der alten Socken verschwinden zu lassen, die in Theos Zimmer rumliegen?

Riecht es wirklich so übel?

Allerdings! Und man kommt gar nicht mehr ans Fenster ran bei dem Chaos, das dort herrscht!

Ah, wenn das so ist — sonst hätte ich dir nämlich geraten, erst mal ordentlich durchzulüften!

Aber was mach ich denn nun?

Mixe dir ein Raumspray aus naturnahen Zutaten! Hier kommt das Rezept ...

LOS GEHT'S!

1 Verwende eine gebrauchte Sprühflasche (gut reinigen) oder kauf eine neue (im Naturkosmetik-Fachhandel).

2 Lass dir von deinen Eltern helfen. Zuerst werden 15 ml 70-prozentiger Weingeist (aus der Apotheke) in die Flasche gefüllt.

3 20 bis maximal 40 Tropfen ätherische Öle hinzugeben, zum Beispiel Orange, Zitrone, Grapefruit, Blutorange. Mische die Sorten je nach deinem Lieblingsduft. Gut verschütteln. Dann mit abgekochtem Wasser auf 100 ml auffüllen, nochmals schütteln.

4 Wenig davon versprühen und immer vorher gut schütteln.

Achtung!

- Benutze dein Raumspray nicht, wenn deine kleinen Geschwister im Zimmer sind!
- Nicht in die Augen, den Mund oder auf Schleimhäute sprühen!
- Nicht auf die Haut sprühen! Nicht trinken!
- Die Sprayflasche dunkel und kühl aufbewahren.

IDEE NR. 5

Selbst gemachte Pulswärmer

Du hast Handschuhe, die dir zu klein sind, und Lieblingssocken
mit Löchern, von denen du dich nicht trennen magst?
Die Lösung: Aus Alt mach Neu – man muss nur Ideen haben ...

Sag mal, hast du Schweißfüße,
dass du Socken mit Luftlöchern
brauchst?

Meinst du, weil die Zehen
schon rausgucken?

Und wie!

Weißt du was? Du frierst doch
immer so an den Händen. Dann
mach dir doch Pulswärmer draus,
das dauert gerade mal zwei Minuten.

Aber ich will sie noch nicht
wegwerfen, sie sind so schön weich.
Es sind meine Lieblingssocken!

Wow!
Und ganz ohne Nähen –
das gefällt mir!

LOS GEHT'S!

1

Für deine Pulswärmer brauchst du nur ein Paar lange Socken oder Kniestrümpfe und eine Schere.

2

Schneide mithilfe deiner Eltern die Füße der Socken ab – mit einem geraden Schnitt, ohne zu abzusetzen.

3

In den entstandenen »Schlauch« schneidest du jetzt noch ein Loch für den Daumen.

4

Jetzt musst du nur noch die Enden ein wenig umkrempeln, und fertig sind deine Pulswärmer!

Gut zu wissen

Wenn die Wolle verfilzt ist – umso besser: Dann fransen die Ränder nicht so schnell aus!

IDEE NR. 6

Ein Haarband aus Jeansstoff

Abfall muss nicht immer Abfall sein – manches lässt sich auch als Ausgangsmaterial für etwas ganz Neues verwenden. Für dieses »Upcycling« brauchst du nur ein bisschen Fantasie und Geschick.

Todschick, dein neues Haarband!
Wo hast du das gekauft?

Na ja ... ich hab's aus dem Mülleimer gefischt.

Aus dem Mülleimer?

Ja, nur mit einem kleinen Umweg über den Nähkasten.

Im Ernst?
Du hast das selbst gemacht?

Ja, und ich bin superstolz darauf. Soll ich dir zeigen, wie's gemacht wird?

LOS GEHT'S!

1

Die Jeans ist zu lang? Prima – dann heb auf jeden Fall den Stoffrest auf, der beim Kürzen übrig bleibt. Lass dir von einem Erwachsenen helfen. Schneide den Stoffring an einer der Nähte durch, um ein ganz gerades Band zu erhalten.

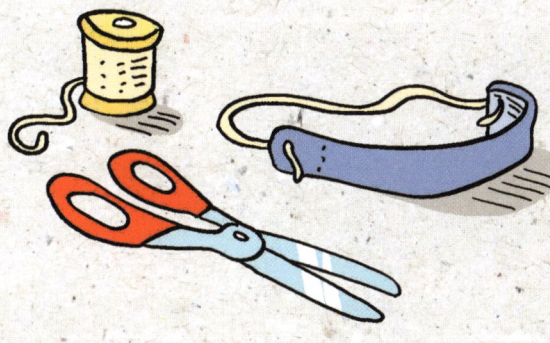

2

Leg dir den Stoffstreifen um den Kopf, um die Länge der Gummilitze abzumessen, mit der das Band gehalten wird.

3

Nähe ein Stück Gummilitze an den zwei Enden des Stoffbands fest, sodass wieder ein Kreis entsteht. Achte darauf, dass es nicht zu lang ist, damit es dir nicht von der Stirn rutscht. Fertig ist dein neues, schickes Haarband – das auch noch perfekt zur neuen gekürzten Jeans passt!

IDEE NR. 7

Kleider-Recycling

Deine Klamotten können mehrere Leben haben! Und wenn sie noch so zerrissen und zerschlissen sind – dann werden sie eben recycelt und zum Beispiel als umweltfreundlicher Dämmstoff für Gebäude wiederverwendet.

Ist das etwa dein Mantel, den die kleine Schwester von Luise da trägt?

Ja, den hab ich echt geliebt!

Ist ja toll, wenn du anderen damit noch eine Freude machen kannst!

Genau – auch wenn es einem oft schwerfällt, sich von seinen Lieblingssachen zu trennen!

Du sagst es ... Und ich freue mich, wenn ich die abgelegten Sachen von Josefine tragen kann. So schließt sich der Kreis!

Klar, aber was kann ihnen Besseres passieren, als dass du ihnen ein neues Leben schenkst?

LOS GEHT'S!

Um deinen alten Kleidern ein neues Leben zu schenken, kannst du ...

▶ ... sie an ein kleineres Kind weiterschenken.

▶ ... sie von deinem kleinen Bruder oder deiner kleinen Schwester auftragen lassen – aber das weißt du ja schon!

▶ ... sie zum Altkleidercontainer bringen. Sie werden dann sortiert und je nach Zustand weiterbenutzt oder recycelt.

▶ ... sie auf dem Flohmarkt oder im Internet verkaufen und dir von dem Geld größere Sachen kaufen.

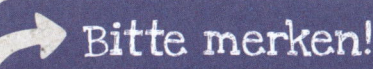

Bitte merken!

Keine Textilien in die Mülltonne – da gehören sie einfach nicht hin!

▶ ... etwas Neues daraus machen – zum Beispiel eine schöne neue Tasche aus einem T-Shirt!

IDEE NR. 8

Einen Designer-Stiftebecher basteln

Du wärst gerne voll im Trend, auch bei der Einrichtung deines Zimmers? Recycling ist total angesagt bei den kreativsten Designern und Künstlerinnen – schon allein, weil wir alle zu viel Abfall produzieren.

Ziehst du neuerdings deinen Konservendosen Kleider an?

Das macht sie irgendwie menschlicher, findest du nicht?

Das ist echt komisch – es sieht aus, als hättest du ihr einen Schal umgelegt.

Ich hatte Angst, dass sie friert.

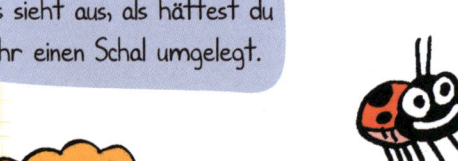

Echt jetzt?

Quatsch, ich will meinen Stiftebechern nur eine persönliche Note verleihen, damit sie voll im Trend sind! Und außerdem vermeide ich auf diese Weise Müll.

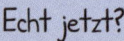

LOS GEHT'S!

1

Lass dir von deinen Eltern helfen. Du brauchst eine leere Blechdose und eine einzelne Socke. Am besten ist eine Dose mit abziehbarem Deckel, für die man keinen Dosenöffner braucht, sonst besteht die Gefahr, dass du dich an den Rändern schneidest. Vergewissert euch, dass die Dose keine scharfen Kanten hat.

2

Zieh das Etikett von der Dose ab und wasche sie gründlich ab.

3

Schneide den Fuß der Socke ab, sodass ein Schlauch entsteht.

4

Jetzt streifst du den »Sockenschlauch« über die Dose, wobei du den Stoff vielleicht ein wenig ziehen oder zusammenschieben musst. Schon ist er fertig, dein neuer Designer-Stiftebecher!

IDEE NR. 9

Bio-Leim »nach Béchamel-Art«

Der Klebstoff aus dem Supermarkt enthält oft giftige Lösungsmittel, die beim Gebrauch freigesetzt werden. Für kleine Bastelarbeiten zu Hause, zum Beispiel zum Befestigen von Etiketten, leistet ein selbst gemacher Leim genauso gute Dienste.

Puh, was ist denn das für ein chemischer Geruch?

Ach ... riechst du das?

Was denkst du denn - das ist echt heftig, wie das in der Nase kitzelt!

Ich bastle dir gerade eine kleine Geburtstagskarte.

Na so was - das ist aber lieb von dir! Aber wo du doch so gerne selbst gemachte Béchamelsauce magst - da hätte ich ein Rezept für dich: ein Leim, der fast nichts kostet und fast alles klebt!

Super!

LOS GEHT'S!

1

Lass dir von einem Erwachsenen helfen. Gib 2 Esslöffel Mehl und 1 Teelöffel Puderzucker in einen Topf mit etwas Wasser.

2

Den Topf auf die Herdplatte stellen, um das Wasser zu erhitzen. Unter ständigem Rühren köcheln lassen und dabei ab und zu Wasser hinzugeben. Wenn sich alle Klümpchen aufgelöst haben – wie bei einer richtigen Béchamelsauce –, kannst du den Topf vom Herd nehmen.

▶ Kleiner Tipp

Bewahre deinen Leim am besten im Kühlschrank auf, wenn du ihn gerade nicht brauchst.

3

Gib 3 Tropfen Teebaumöl als Konservierungsmittel und 3 Tropfen Orangenöl für den Duft hinzu.

IDEE NR. 10

Plastik vermeiden

Plastik ist überall – und überall wird es zunehmend zum Problem. Unmengen davon gelangen in die Weltmeere, wo sie gewaltige Müllteppiche bilden. Die Lösung? Zunächst einmal auf Plastik verzichten, wo immer es geht!

Tolles Holzspielzeug hast du da, das gefällt mir!

Und es ist nicht nur schön, es hält auch länger.

Aber wenn du damit nach mir schmeißt, tust du mir weh!

Na ja, dafür ist Spielzeug ja auch nicht da!

In der Schule haben sie Springseile mit Holzgriffen verboten, weil es zu gefährlich ist.

Aber die Berge von Plastik, die wir produzieren, sind viel gefährlicher!

LOS GEHT'S!

Achte bei jedem Einkauf darauf, ob du nicht ein Produkt aus Plastik durch eines aus einem anderen Material ersetzen kannst. Das ist nicht immer einfach, denn Plastik ist leicht und billig und deshalb allgegenwärtig.

▶ Lineale und Geodreiecke müssen nicht aus Plastik sein – entscheide dich für ein Modell aus Holz oder Metall.

200   40   200

500   30   500

80   1000   60

▶ Nimm zum Aufbewahren deiner Spielsachen einen Weidenkorb oder eine Holzkiste.

▶ Entscheide dich für Spielsachen aus Metall oder aus Holz, z. B. einen Metallbaukasten von Märklin® oder einen Kapla®-Bausatz.

▶ Wenn du lieber mit Playmobil® oder Lego® spielst, kannst du dir auch gebrauchte Teile kaufen.

IDEE NR. 11

Wiederverwenden statt wegwerfen

Ein Stofftaschentuch muss immer wieder gewaschen werden - trotzdem verbraucht es im Lauf seines Lebens weniger Wasser, als für die Herstellung der entsprechenden Menge Papiertaschentücher gebraucht wird!

Ist das der Abfalleimer aus deinem Bad, der so überquillt? Du weißt schon, dass es alles, was ich da sehe, auch in nachhaltiger Version gibt?

Nachhaltige Version - was heißt das denn?

Dass du etwas ein Mal kaufst und dann jahrelang benutzt.

Aber das ist doch eklig!

Wieso denn, du wäschst es doch immer wieder! Und für die Umwelt ist das zehnmal besser!

Das hab ich nicht gewusst! Zeig mir doch mal, wie es bei dir aussieht.

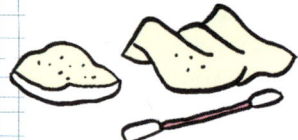

LOS GEHT'S!

Wie viele Wegwerfprodukte gibt es in deinem Bad?
Finde heraus, wodurch du sie ersetzen kannst!

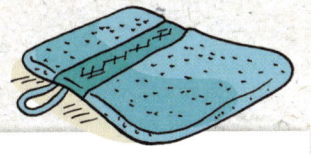

▶ Ersetze Papiertaschentücher durch
Stofftaschentücher (siehe auch Seite 43).

▶ Nimm statt Feuchttüchern
lieber einen Waschlappen.

▶ Nimm statt Wegwerf-
Watte waschbare
Baumwollpads.

▶ Ersetze Wattestäbchen
durch Oriculi – das sind
ökologische Ohrstäbchen.
Lass dir beim Benutzen von
einem Erwachsenen helfen!

 Auf den Punkt gebracht

Wiederverwendbare Produkte sind nicht nur nachhaltig und
dadurch besser für die Umwelt, du kannst ihnen auch eine
persönliche Note verleihen.

IDEE NR. 12

Selbst gemachtes Deo ohne Giftstoffe

Viele Pflegeprodukte enthalten Chemikalien, die nicht besonders gesund sind. Aber bei einem Produkt, das du selbst hergestellt hast, weißt du ganz genau, was drin ist!

> Da stehen ja scheußliche Sachen in der Zutatenliste von deinem Deo!

> Ich weiß, aber ich verstehe nur Bahnhof ... Das sind alles so komplizierte Wörter!

> Und außerdem ist es so klein gedruckt ...

> Ich glaube, die wollen gar nicht wirklich, dass man weiß, was drin ist.

> Ganz bestimmt! Für die Gesundheit wäre es das Beste, wenn wir unser eigenes Deo machen!

> Gute Idee – zeigst du mir, wie's geht?

LOS GEHT'S!

1

Lass dir von einem Erwachsenen helfen. Bring 4 g Bienenwachs und 40 g natives (= nicht raffiniertes) Kokosfett (beides möglichst in Bio-Qualität) in einem Topf unter ständigem Rühren vorsichtig zum Schmelzen.

2

Wenn alles geschmolzen ist, nimm den Topf vom Herd und rühre langsam und vorsichtig 26 g Natriumhydrogencarbonat (Apotheke oder Naturkosmetik-Fachhandel) sowie 26 g Maisstärke hinzu.

3

10–16 Tropfen furocumarinreduziertes Bergamotte-Öl zugeben. Nicht mehr, denn zu viel von dem Öl reizt die Haut.

4

Gieß die Mischung in einen Topf mit Deckel, um sie aushärten zu lassen, bevor du sie benutzt.

Kleiner Tipp

Lass nach dem Duschen einen erbsengroßen Klumpen von der Paste unter jeder Achsel schmelzen.

Mach deine eigene Zahnpasta

Die Zahnpasta, die die Zähne weißer als weiß macht,
ist nicht unbedingt die beste für deine Gesundheit.
Misstraue den neuesten Marketing-Ideen!

Du hast schöne Zähne, dein Lächeln strahlt richtig! Und dieser frische Atem!

Ah, du hast es gemerkt! Das kommt von meiner neuen Spezial-Kristallweiß-Zahncreme mit der 36-Stunden-Frische-Wirkung!

Ah, toll. Und was ist da drin?

Das weiß ich nicht ...

Das ist ein Problem, findest du nicht?

Okay, hab schon verstanden. Zeigst du mir, wie ich selber Zahnpasta machen kann?

LOS GEHT'S!

1

Du musst nicht gleich in die Steinzeit zurückgehen und dir die Zähne mit Pflanzenfasern schrubben. Aber du kannst dir aus einfachen und natürlichen Zutaten deine eigene Zahncreme machen, die viel gesünder ist als die aus dem Drogeriemarkt.

2

Gib 6 Teelöffel Calciumcarbonat (Kalk)* in eine Schüssel. Füge eine Prise Natriumhydrogencarbonat hinzu sowie 1 Teelöffel pflanzliches Glycerin* und 3 bis 4 Teelöffel Pfefferminz-Hydrolat*.

3

Mische alle Zutaten und gieß die Zubereitung in einen Behälter mit mindestens 50 ml Fassungsvermögen. Am besten ist eine Pumpflasche mit großer Öffnung.

4

Benutze die Paste wie eine normale Zahnpasta – für saubere Zähne und frischen Atem!

* Lass die Zutaten von deinen Eltern in der Apotheke bzw. im Naturkosmetik-Fachhandel kaufen.

IDEE NR. 14

Seife statt Duschgel

Das Abwasser aus Dusche, Toilette und Waschmaschine wird in der Kläranlage in einem komplizierten Prozess über mehrere Stufen gereinigt, ehe es wieder in den Fluss geleitet werden kann.

> Stimmt es, dass es bald kein Wasser mehr geben wird?

> Ja, wenn wir nicht aufpassen. Nur weniger als 1 % des Wassers auf der Erde ist Trinkwasser.

> Aber was ist mit dem Meerwasser – kann man das nicht entsalzen?

> Ja, aber das ist teuer! Und fast eine Milliarde Menschen auf der Welt haben keinen sicheren Zugang zu sauberem Trinkwasser.

> Aber ohne Wasser kann man doch nicht leben!

> Deswegen sollte man auch sparsam damit umgehen und es nicht vergeuden!

LOS GEHT'S!

Die Regale der Supermärkte sind voll mit Duschgels in allen möglichen exotischen Duftnoten, von Tiaré bis Kokos. Aber diese Vielfalt hat ihren Preis – das bekommt dein Geldbeutel genauso zu spüren wie die Umwelt.

So schonst du das Wasser

▶ Nimm zum Waschen statt Duschgel normale Kernseife oder naturreine Pflanzenölseife. Seife ist sparsamer im Verbrauch und belastet das Wasser weniger.

▶ Ein Stück Seife ist – wenn überhaupt – normalerweise in Papier eingewickelt, während das Duschgel in einer Plastikflasche verkauft wird.

▶ Klos, Waschbecken und Spülbecken sind keine Mülleimer! Wattestäbchen & Co. gehören da also nicht hinein.

▶ Noch ein Tipp

Nimm zum Putzen deines Zimmers und des Hauses nur ökologische Putz- und Reinigungsmittel.

IDEE NR. 15

Japanischer Scheuerlappen
(Tawashi)

Viele Textilien haben eine sehr begrenzte Lebensdauer, und das gilt besonders für Kinderkleidung: Kaum hast du etwas gekauft - schwups, schon bist du wieder rausgewachsen. Aber deine abgelegten Sachen können immer noch zu etwas nütze sein - es liegt nur an dir!

> Schon wieder eine kaputte Socke! Ich muss mir wirklich mal die Zehennägel schneiden ...

> Aber das gibt's doch nicht - das ist schon die dritte in dieser Woche!

> Ich hab nun mal große Füße! Und mit den Löchern drin kann ich dieses Paar Socken auch nicht an meine kleine Schwester weitergeben.

> Aber du kannst sie vielleicht ... verwandeln.

> Ach ja, in was denn - in eine Schlange?

> Aber nein, in ein Tawashi! Schau her - du wirst beeindruckt sein.

LOS GEHT'S!

Wenn dir deine Sachen zu klein werden, sie aber noch in einem guten Zustand sind, solltest du sie verschenken oder verkaufen. Aber auch Kleider, die kein Mensch mehr tragen will, sind noch zu etwas zu gebrauchen.

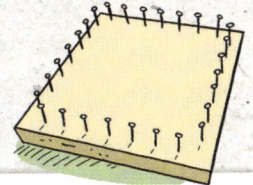

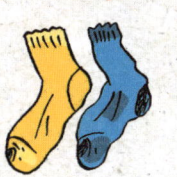

1

Lass dir von einem Erwachsenen helfen. Um ein Tawashi zu machen, brauchst du ein Holzbrett von 15 cm Seitenlänge. An jeder Seite schlägst du 7 Nägel ein, sodass die insgesamt 28 Nägel ein quadratisches Feld im Inneren der Unterlage einrahmen.

2

Schneide alte Socken oder Strumpfhosen in 2 cm breite Streifen, mach ein Loch in jedes Ende und spanne sie daran zwischen den Nägeln an zwei gegenüberliegenden Seiten auf. Dreh dann das Brett um 90 Grad und führe einen zweiten Satz Streifen abwechselnd über und unter den ersten hindurch, sodass sie gleichmäßig ineinander verwoben sind.

Am Schluss musst du dein Tawashi noch fixieren, damit es sich nicht auflöst. Dazu nimmst du ein Ende eines Stoffstreifens an einer der Ecken vom Nagel und führst es durch das Loch in dem Streifen daneben, sodass du statt zweien nur noch eine Schlaufe hast. Dann verbindest du die beiden nächsten Streifen auf die gleiche Weise und so weiter.

4

Wenn du dein Tawashi von der Unterlage gelöst hast, zieh die letzte Schlaufe noch zweimal durch, damit sie besser hält. An dieser Schlaufe kannst du dein Tawashi dann zum Trocknen aufhängen.

Einen Taschentuch-spender basteln

Der Preis, den wir im Laden für einen Artikel bezahlen, ist oft viel niedriger als sein wahrer ökologischer Preis. Ein Papiertaschentuch kostet nur ein paar Cent — aber was ist mit den Bäumen, dem Wasser- und Energieverbrauch, dem Plastik für die Verpackung ...?

Hatschi!
Schnell, ich brauch
ein Taschentuch!

Da haben wir's wieder -
3 Sekunden lang benutzt und
ab damit in den Mülleimer!

Na, ich werde jetzt nicht
anfangen, die Dinger zu sammeln!

Schon klar, aber wenn bestimmte
Dinge des täglichen Gebrauchs bei
dir eine Nutzungsdauer von unter
30 Sekunden haben ...

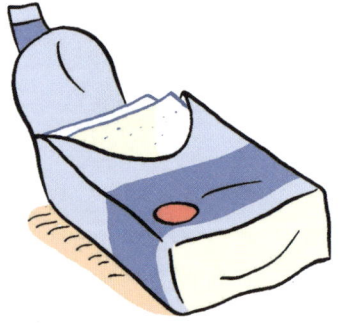

Ja ...?

Dann solltest du
dich vielleicht
fragen, wodurch du
sie ersetzen kannst!

LOS GEHT'S!

1

Lass dir von deinen Eltern helfen. Hol dir eine Holzkiste aus dem Bastelladen. Dekoriere sie in deinen Lieblingsfarben, aber Vorsicht mit zu grellen Farben – dein Taschentuchspender soll dir ja auch in ein paar Jahren noch gefallen!

2

Jetzt zerschneide ein altes Bettlaken aus weichem Stoff in Quadrate von Taschentuchgröße. Die Taschentücher werden in der Mitte gefaltet und im Ziehharmonikasystem ineinandergelegt, bevor du sie in die Kiste packst – so be-bekommst du ein Format, wie du es von den Papiertüchern gewohnt bist, aber in der nachhaltigen Variante!

3

Nun kannst du deine »magische« Box befüllen – sie wird niemals leer!* Lass sie gleich mal von deinen verschnupften Freunden ausprobieren!

* Die gebrauchten Stofftaschentücher kommen natürlich gleich in die Waschmaschine!

Eine Keksfabrik verschenken

Mit süßen Sachen kann man kleinen Naschkatzen immer eine Freude machen. Und am besten natürlich selbst gemacht. Aber das heißt nicht, dass <u>du</u> alles selber machen musst ...

Sag mal, Marie, hast du ein Geschenk für Hugo?

Ach, Mist, das hab ich total verschwitzt! Wann ist noch mal seine Party?

Morgen! Es bleibt keine Zeit mehr, etwas zu kaufen!

Keine Panik, ich hab da eine tolle Idee.

Rette mich!

Dann komm, wir machen eine Keksfabrik!

LOS GEHT'S!

Die Keksfabrik ist ein Geschenk, das immer super ankommt – und es ist ganz schnell gemacht!

1

Besorge dir ein schönes Gefäß, am besten ein großes Einmachglas. Wenn es nicht leer ist, iss den Inhalt einfach auf und spüle es danach gründlich.

2

Fülle das Glas in Schichten mit folgenden Zutaten:
– 150 g Mehl, vermischt mit einem halben Tütchen Backpulver
– 1 Prise Salz
– 100 g Rohrohrzucker
– 100 g Schokoladensplitter
– 2 Tütchen Vanillezucker

3

Schreibe das Rezept auf ein Etikett: »Den Inhalt des Glases in eine Schüssel geben. Mit 75 g weicher Butter und einem Ei verrühren. Den Ofen auf 180 °C vorheizen. Mit zwei Esslöffeln Teigklümpchen formen und auf ein mit Backpapier belegtes Blech legen. 10 Minuten backen. Guten Appetit!«

IDEE NR. 18

Geschenke mit Furoshiki verpacken

Von anderen Kulturen kann man sich viele schlaue Ideen abschauen, um das »Zero Waste«-Ziel zu erreichen. In Japan benutzt man statt Geschenkpapier sogenannte Furoshiki, die ein Leben lang halten.

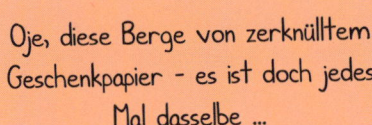

Oje, diese Berge von zerknülltem Geschenkpapier – es ist doch jedes Mal dasselbe ...

Da hast du ja recht, aber was soll man machen? Das ist nun mal Tradition.

Mag sein ... aber vielleicht muss man ja nur mit gutem Beispiel vorangehen.

Okay, aber wie?

Indem du das nächste Mal deine Geschenke in schöne Stoffe einpackst, wie sie es in Japan machen.

Super! Und dann sag ich gleich dazu, dass ich mir für meine Geschenke das Gleiche wünsche!

LOS GEHT'S!

Besorge dir ein paar hübsche Halstücher, Kopftücher oder andere quadratische oder rechteckige Stoffreste. Eine Auswahl an verschiedenen Größen und Formaten ist praktisch – dann hast du für jedes Geschenk das passende Furoshiki. Jetzt musst du nur noch ein bisschen üben ...

▶ Otsukai-Tsutsumi

▶ Entou-Tsutsumi

 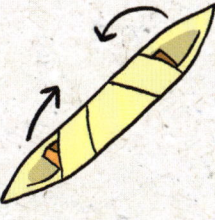  

▶ Bin-Tsutsumi

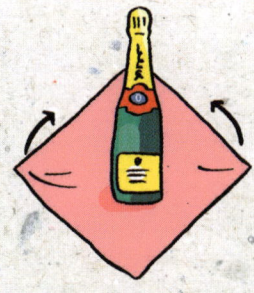 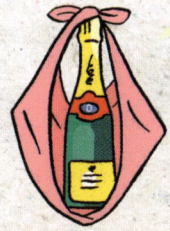  

Umweltfreundlicher ... und hübscher!

Nicht nur du selbst sparst, wenn du Furoshiki statt Geschenkpapier verwendest: Der oder die Beschenkte muss kein Papier entsorgen und kann die Tücher selbst wiederverwenden. Grund genug, die japanische Kunst des Schenkens zu lernen!

Ein Freundschafts-armband flechten

Es ist gar nicht so schwer, schöne Dinge zu basteln, die so gut wie nichts kosten und trotzdem Freude machen. Frag dich beim Schenken immer, ob du etwas basteln statt kaufen kannst. Denn ein selbst gemachtes Geschenk kommt immer gut an!

Ein tolles Armband hast du da, zeig mal her!

Es ist ein Freundschaftsband – ein Geschenk, das von Herzen kommt.

Von Herzen? Das ist ein wahres Geschenk!

Genau. Weißt du, irgendwelche Geschenke machen kann jeder ...

Aber eines ist klar ...

Ein Freundschaftsband machen, das kann längst nicht jeder!

LOS GEHT'S!

1

Lass dir von einem Erwachsenen helfen. Zunächst brauchst du eine Unterlage. Dazu schneidest du aus einem Stück Pappkarton einen Kreis von etwa 8 cm Durchmesser aus. Am einfachsten geht das, wenn du ein Glas umgekehrt auf die Pappe stellst und den Umriss mit einem Bleistift nachziehst.

2

Schneide in regelmäßigen Abständen 8 Schlitze in die Pappscheibe, wie auf dem Bild zu sehen. In die Mitte bohrst du ein kleines Loch. Nun nimmst du 7 Baumwollfäden oder -schnüre von etwa 40 cm Länge und verknotest sie an einem Ende.

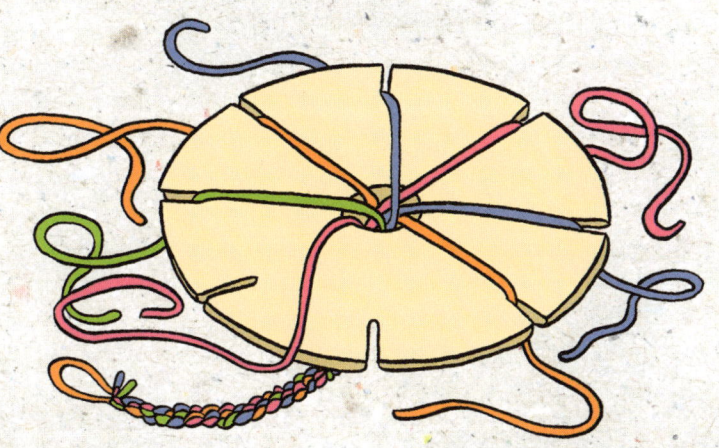

3

Führe den Knoten durch das Loch in der Mitte und jeden der Fäden durch einen der Schlitze.

4

Zähle von dem freien Schlitz im Uhrzeigersinn drei Schlitze weiter, nimm den dritten Faden und zieh ihn durch den freien Schlitz. Dann zählst du von dem frei gewordenen Schlitz wiederum drei weiter und machst es mit diesem Faden genauso – und so weiter, immer ausgehend von dem freien Schlitz.

5

Wenn dein Armband fertig geflochten ist, nimm es von der Unterlage ab und zieh die Fäden durch die Schleife am Anfang, sodass ein Knoten entsteht. Jetzt kannst du es am Handgelenk deines Freundes oder deiner Freundin festmachen.

IDEE NR. 20

Nicht so viel auf Äußerlichkeiten geben

Markenklamotten oder das neueste Smartphone – so was beeindruckt die Leute, nicht wahr? Aber wer sich von Äußerlichkeiten nicht blenden lässt, kann viel besser das Besondere und Einzigartige in dem anderen Menschen erkennen.

He, Marie, hast du schon den neuen Pulli von Emma gesehen? Echt cool!

Ja, aber am Ende ist es doch nur ein Pulli.

Schon, aber ein Marken-pulli von Dingsbums®, das ist dir schon klar?

Na schön, er war superteuer und ist einmal um die halbe Welt gereist ... Aber hält er wenigstens warm?

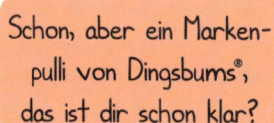

Äh, keine Ahnung ...

LOS GEHT'S!

Was immer du tust, denk dran, dass es viel mehr auf das Sein als auf das Haben ankommt.

▶ Schaff dir deinen eigenen Stil – mit dem, was du hast und was dir gut steht. Und richte dich nicht danach, was die anderen tragen!

▶ Mach dir klar, dass Markenklamotten und die neuesten Modegags nicht das Wichtigste im Leben sind. Brauchst du wirklich immer das neueste Modell, das von weither kommt?

▶ Deine Identität, das ist dein Wesen – das ist es, was dich zu dem Menschen macht, der du bist.

▶ Such dir deine Freundinnen und Freunde nicht nach ihrer äußeren Erscheinung aus. Achte vielmehr auf ihre inneren Werte!

IDEE NR. 21

Eine Tauschbörse organisieren

Bücher, die du gelesen hast, Klamotten, die dir zu klein sind oder dir nicht mehr gefallen, Spiele, die du fertig gespielt hast ... Wenn du etwas nicht mehr willst, tausche es doch einfach gegen etwas anderes ein!

Adrian hat mir erzählt, dass er bei einer Tauschbörse war. Weißt du, was das ist, Marie?

Na, da kannst du Sachen hinbringen, die du nicht mehr brauchst.

Dann ist das so was Ähnliches wie eine Mülldeponie!

Nein, denn du kannst deine Sachen dort gegen etwas eintauschen, was dir gefällt.

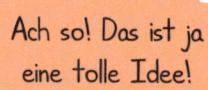

Ach so! Das ist ja eine tolle Idee!

Soll ich dir helfen, eine Tauschbörse zu organisieren?

LOS GEHT'S!

Bevor du eine Tauschbörse veranstaltest, musst du erst mal in deinem Zimmer Ordnung schaffen.

1 Leg alle Kleider beiseite, die dir zu klein sind oder die dir nicht mehr gefallen.

2 Sortiere die Spiele aus, die dich nicht mehr interessieren.

3 Schau auch in dein Bücherregal – man wird schließlich älter!

4 Geh die aussortierten Sachen zusammen mit deinen Eltern durch und überlegt, was ihr vielleicht für deine jüngeren Geschwister behalten solltet.

5 Lade deine Freundinnen und Freunde und ihre Familien ein. Jeder darf eine bestimmte Anzahl von Dingen mitbringen. Gib jedem ein Ticket, auf dem steht, was er oder sie mitgebracht hat. Die Teilnehmer dürfen genau so viele Dinge mitnehmen, wie sie beigesteuert haben.

Die Tauschbörse ist eröffnet!

IDEE NR. 22

Resteküche: Süße Gläschen

Jeder Deutsche wirft im Jahr durchschnittlich über 80 kg brauchbare Lebensmittel weg. Dabei gibt es so viele Möglichkeiten der Resteverwertung in der Küche!

Total lecker, diese kleine Nachspeise. Du bist ja eine richtige Spitzenköchin!

Kann schon sein - aber vor allem hab ich was gegen Verschwendung.

Aha - aber was hat das mit deinen Kochkünsten zu tun?

Sehr viel! Aus Resten kann man nämlich noch ganz tolle Sachen zaubern!

Kannst du mir erklären, wie du dieses Dessert gemacht hast?

Warte, ich zeig's dir gleich.

LOS GEHT'S!

2

Zerstoße ein paar Kekse – zum Beispiel die zerbrochenen Reste aus der Keksdose oder eine Sorte, die du nicht so gerne isst – zu kleinen Bröckchen.

3

Dieses »Kekspulver« schüttest du jetzt in dein Glas. Heb ein paar Krümel für die Dekoration auf.

1

Zunächst mal brauchst du kleine Gläser, zum Beispiel alte Senf- oder Joghurtgläser, gut gespült natürlich.

4

Jetzt geht es an das Obst im Kühlschrank, das dringend wegmuss. Verarbeite die angeschlagenen Früchte zu Mus und schneide die anderen in kleine Stückchen.

5

Bedecke die Kekskrümel mit einer Schicht Mus. Als Nächstes kommt eine Schicht Quark oder Joghurt und darauf dann das klein geschnittene Obst.

6

Am Schluss streust du noch die restlichen Keksbröckchen als Deko obendrauf. Es gibt so viele Rezepte und Ideen, wie es Reste im Kühlschrank gibt!

IDEE NR. 23

Resteküche: Gemüsecurry

Aus Obst und Gemüse, das nicht mehr ganz frisch ist, lassen sich noch leckere und gesunde Gerichte zaubern, die auch den Kleinsten schmecken.

Mmmh, das duftet ja exotisch bei dir!

Ha, vielen Dank! Möchtest du vielleicht mit uns essen? Ich koche ein tolles Abendessen aus den vergessenen Gemüseresten im Kühlschrank.

Öh ... nein danke ...

... aber riechen tut es wirklich fantastisch. Was ist es?

Ein Gemüsecurry - eines der besten Gerichte der Welt, wenn du mich fragst.

Ähm ... gilt deine Einladung noch?

Na klar!

LOS GEHT'S!

Dieses Rezept ist ideal zur Verwertung von nicht mehr ganz so frischem Gemüse. Es ist schnell gemacht – und im Kühlschrank ist wieder Platz!

Zutaten:
▶ Öl zum Anbraten
▶ 2 Zwiebeln
▶ gemischtes Gemüse
▶ Kokosmilch
▶ Curry, Salz und Pfeffer

1
Lass dir von einem Erwachsenen helfen. Das Gemüse putzen und klein schneiden.

2
Zwiebeln in der Pfanne anbraten. Wenn sie angebräunt sind, das Gemüse dazugeben.

3
Wenn das Gemüse halb gar ist, das Ganze mit Kokosmilch übergießen, Salz, Pfeffer und Curry hinzugeben. Abdecken und auf kleiner Flamme 15 bis 30 Minuten schmoren lassen.

Serviere dein Curry mit Reis. Deine Freunde werden beeindruckt sein!

IDEE NR. 24

Naturküche: Brennnessel-Pesto

Die Natur hält eine Fülle an viel zu wenig bekannten Nahrungsmitteln parat. Vor der Erfindung des Ackerbaus fanden die Menschen dort alles, was sie zum Sattwerden brauchten. Lass dich inspirieren ...

Hallo, Amélie, bist du fleißig im Garten?

Ja, aber ich gärtnere nicht, ich koche!

Brennnesseln? Erzähl mir nicht, dass du die isst!

Doch, und weißt du was? Du wirst auch davon essen!

Ja, ja, träum ruhig weiter!

Komm mit, und ich wette, es wird dir schmecken!

LOS GEHT'S!

Hier ist ein einfaches und schnelles Rezept auf der Basis von Wildpflanzen – und damit garantiert verpackungsfrei!

Zutaten

- 40 g Brennnesselblätter
- 2–4 Esslöffel Olivenöl
- 20 g Parmesan
- 20 g gemahlene Haselnüsse
- 1 Knoblauchzehe
- Salz und Pfeffer

1

Lass dir von einem Erwachsenen helfen. Schneide im Frühjahr die oberen Blätter junger Brennnesselpflanzen ab. Zieh Handschuhe zum Schutz vor den Brennhaaren an. Mehrmals gründlich in Essigwasser waschen. Du kannst einen Holzlöffel benutzen, um die Blätter nicht mit den Fingern anfassen zu müssen.

2

Die Blätter gut abtropfen lassen und mit Olivenöl, Parmesan, gemahlenen Haselnüssen, einer Knoblauchzehe, Salz und Pfeffer zu einer Paste mixen.

3

Streich dein knallgrünes Pesto auf getoastete Brotscheiben – das sieht lustig aus und wird auch deinen Freunden schmecken!

IDEE NR. 25

Limonade selber machen

Die meisten Erfrischungsgetränke, die es im Laden zu kaufen gibt, enthalten zu viel Zucker und sind alles andere als gesund. Warum also nicht Limonade selber machen? Das macht Spaß und du kannst sie mit lauter gesunden Zutaten verfeinern.

Ahh ... ist das gut!

Nicht irgendeine, sondern selbst gemachte!

Was trinkst du denn da? Das sprudelt ja richtig – ist bestimmt irgend 'ne Limo.

Du kannst Limo selber machen?

Ja, ich hab ein Rezept für eine superleckere und extra prickelnde Limo.

Toll! Das musst du mir unbedingt zeigen!

LOS GEHT'S!

1

Lass dir von einem Erwachsenen helfen. Besorge dir Wasserkefir-Kristalle im Reformhaus oder Naturkostladen (auf Bio-Qualität achten!).

2

Gib 1 EL davon in ein Glasgefäß mit weiter Öffnung. Füge 2 TL Zucker, ein Viertel Bio-Zitrone und eine Dattel hinzu. Mit Wasser auffüllen.

3

Das Gefäß abdecken, aber nicht verschließen. Bald bilden sich kleine Bläschen. Durch den Prozess der Gärung wird das Getränk prickelnd wie Sprudelwasser.

4

Wenn die Dattel nach oben steigt, ist die Limo fertig! Schließ das Gefäß und stell es in den Kühlschrank.

5

Den Kefir, die Dattel und die Zitrone vor dem Trinken herausfiltern und die Limo bald verbrauchen. Das probiotische Getränk ist gesund. Aber immer nur ganz wenig trinken, denn es enthält etwas Alkohol!

Schon gewusst?

Die Kefirkristalle kannst du immer wieder verwenden, und du kannst sogar welche verschenken, denn sie vermehren sich!

Auf Küchenpapier verzichten

Vieles von dem, was wir so kaufen, brauchen wir eigentlich gar nicht unbedingt. Schon gar nicht Dinge des täglichen Gebrauchs, die nur eine sehr kurze Lebensdauer haben. Finde heraus, wie du darauf verzichten kannst, und erzähl es weiter!

24 Rollen Küchenpapier kaufen, 18 gratis obendrauf. Was für ein Wahnsinnsangebot!

Ja, damit könnte man glatt eine Belagerung über-stehen. Aber für die Bäume ist das nicht so toll ...

Die Industrie lässt sich doch immer neue Tricks einfallen, um uns Produkte von sehr begrenzter Lebensdauer anzudrehen.

Aber jeder weiß doch, dass wir nur eine Erde haben, oder nicht?

Das schon, aber ich glaube auch, dass die Leute das gern vergessen.

Sie vergessen, dass wir weniger konsumieren müssen, wenn wir die Umwelt schützen wollen.

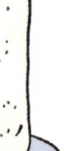

LOS GEHT'S!

▶ Nimm zum Abtrocknen des Geschirrs ein Geschirrtuch – deswegen heißt es ja so!

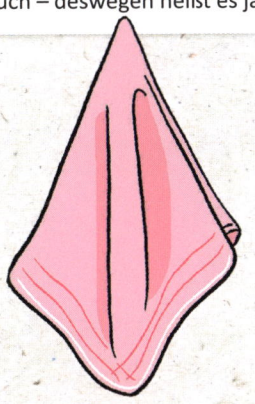

▶ Zum Aufwischen von verschütteten Getränken nimmst du am besten einen Putzschwamm.

▶ Putz dir die Nase mit einem Stofftaschentuch (siehe Seite 43)!

▶ Benutze beim Essen eine Stoffserviette. Du kannst sie mit einem Serviettenring kennzeichnen.

▶ Zum Aufwischen von Flecken auf dem Fußboden einen Putzlappen nehmen.

▶ Und bei allen anderen Verwendungen frag dich jedes Mal, was du statt Küchenpapier nehmen könntest … es gibt immer eine andere Möglichkeit!

IDEE NR. 27

Leitungswasser trinken

In vielen Ländern der Welt haben die Menschen keinen sicheren Zugang zu sauberem Trinkwasser. Wir hier in Europa machen uns viel zu wenig bewusst, was für ein Glück es ist, dass wir einfach Wasser aus der Leitung trinken können ...

Eine hübsche Karaffe hast du da – was ist denn da drin?

Nur Wasser ... na ja, ein bisschen aufgepeppt, damit es nach was schmeckt!

Super Idee!

Ja, und nicht nur das ...

Denn wenn wir Leitungswasser trinken, sparen wir viel Material für die Flaschen und den Transport ein!

Ja, wenn man das so sieht ... Dann gibt es keinen Grund, länger zu zögern!

LOS GEHT'S!

Du hast Angst, dass deine Gäste dich für altmodisch oder spießig halten,
wenn du ihnen Leitungswasser zu trinken anbietest? Dann denk dran, dass
Wasser das einzige Getränk ist, das für den Menschen unverzichtbar ist!
Und serviere ihnen Wasser mit natürlichen »Geschmacksverstärkern«,
ganz nach Lust und Laune variiert!

Gurke, Basilikum und Zitronen

2–3 Gurkenscheiben, ein paar Basilikumblätter und ein Viertel Zitrone – das schmeckt himmlisch!

Erdbeere und Minze

Halbierte Erdbeeren und ein Zweig Minze ... Das sieht hübsch aus und macht Appetit!

Zitronenmelisse, Salbei und Lakritze

Zitronenmelisseblätter, einen Salbeizweig und eine Stange Lakritze in siedendem Wasser ziehen lassen. Kann heiß oder eisgekühlt serviert werden!

IDEE NR. 28

Abfall sammeln

Die Erde wird von einer Invasion bedroht! Aber es sind keine Aliens – es sind wir Menschen, die diese Müll-Armee immer mehr anwachsen lassen. Höchste Zeit, dass wir uns dagegen wehren.

Oh Mann, was für ein Durcheinander! Die sind ja überall!

Was denn – die Pilze?

Nein, die Abfälle! Dieser Spaziergang in der Natur macht mir bald keinen Spaß mehr.

Aber was kann man da machen?

Es gibt zwei Möglichkeiten: Entweder nichts tun ...

... oder alles aufsammeln und auf dem Rückweg die Natur genießen – ohne Müll!

LOS GEHT'S!

Gründe mit deinen Freundinnen und Freunden ein »Zero-Waste-Kommando«! Diese Müllsammel-aktion ist eine ziemliche Heraus-forderung, aber andererseits siehst du sofort das Ergebnis.

1

Rüstet euch mit Müllsäcken und Handschuhen aus! Ladet auch ein paar Erwachsene ein – die können nachher die schweren Müllsäcke schleppen!

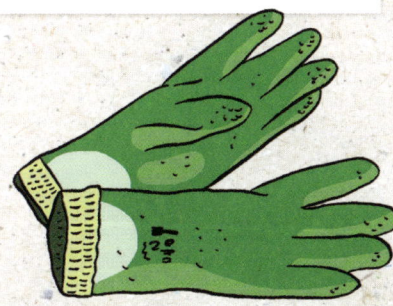

2

Zieht gelbe Warnwesten an, auf die ihr den Namen eures Kommandos geschrieben habt. Es ist wichtig, dass möglichst viele Menschen euch bei eurer Aktion sehen.

3

Macht einmal im Monat eine schöne Wanderung, bei der ihr allen Müll einsammelt, den ihr findet. Vorsicht bei giftigen oder unklaren Abfällen! Bittet eure erwachsenen Begleiter, alles aufzusammeln, woran man sich stechen oder schneiden könnte, und auch alle sehr schmutzigen, giftigen oder irgendwie verdächtigen Abfälle.

Vorbild sein

Wenn andere euch in Aktion sehen, bekommen sie vielleicht Lust, mitzumachen und euch zu helfen!

IDEE NR. 29

Schönes schaffen mit der Natur

Mit etwas Fantasie kannst du aus dem, was die Natur uns schenkt, tolle Kunstwerke schaffen. Wie wär's zum Beispiel mit einer Sandburg, geschmückt mit Muscheln, Algen und Treibholz?

He, Marie, ich würde gerne was Schönes basteln!

Guter Plan – aber was möchtest du denn genau machen?

Keine Ahnung ... Einfach mal Sachen ausprobieren und kreativ sein.

Das ist doch eine prima Idee!

Ja, aber mir fehlt das Material, um loslegen zu können.

Wie wär's, wenn du dich einfach mal in der Natur umschaust?

LOS GEHT'S!

Um schöne Dinge zu schaffen, musst du kein Geld im Laden ausgeben. Sieh dich in der Natur um und stöbere ein bisschen in deinen Schränken, und du wirst bald genug Material beisammenhaben, um die schönsten Deko-Objekte zu basteln. Fast alles, was du für die Ideen auf dieser Seite brauchst, kannst du bei einem Strandspaziergang finden.

▶ **Ein Meerbild** aus Treibholz, einem Stück Drahtgeflecht und Fundstücken vom Strand.

▶ **Ein Mobile** aus Treibholzstücken, Bindfaden, Kiefernzapfen und Muscheln.

▶ **Ein Kleiderbügel** aus einem schönen Stück Treibholz und dem Metallhaken von einem alten, kaputten Kleiderbügel.

IDEE NR. 30

Ein Vogelhäuschen bauen

Unsere Vögel finden immer öfter nicht genug zu fressen für sich und ihre Jungen, und das nicht nur in der kalten Jahreszeit. Du kannst ihnen helfen, indem du ihnen ein kleines »Selbstbedienungs-Restaurant« in den Garten hängst!

> Ui, ist das kalt!

> Brr ... stimmt, das ist echt krass. Und dann der ganze Schnee!

> Aber sag mal, wie finden die Vögel denn noch was zu fressen, wenn alles gefroren ist?

> Auf jeden Fall haben sie es viel schwerer bei diesem Wetter!

> Wie kann ich ihnen nur helfen?

> Bau ihnen ein Futterhäuschen – mit Upcycling!

LOS GEHT'S!

1

Lass dir von einem Erwachsenen helfen. Wasche einen leeren Fruchtsaftkarton gründlich aus und lass ihn trocknen.

3

Bohre direkt unterhalb des Fensters ein kleines Loch in den Karton und schiebe einen kleinen Holzstab durch, der als Sitzstange für die Vögel dient.

2

Mit einem Teppich-messer ein kleines Fenster in eine Seite des Kartons schneiden.

5

Hänge das Vogelhäuschen mit Draht oder einer Schnur an einem Ast im Garten auf – und zwar möglichst katzensicher!

4

Fülle deine Recycling-Futterstation bis zur Höhe des Fensters mit einer Vogelfutter-Mischung (aus der Zoohandlung oder vom Vogelschutzbund oder einem anderen Naturschutzverein).

Wichtig!

Ein- oder zweimal im Jahr muss das Futterhäuschen gründlich gereinigt werden (oder du baust ein neues). Vergiss nicht, den Vögeln auch Wasser hinzustellen – besonders bei Frost oder großer Hitze.

IDEE NR. 31

Einen Kippen-sammler basteln

Vor manchen Cafés und Schulen sind die Gehsteige mit Zigarettenkippen übersät. Wenn sie vom Regen in die Kanalisation gespült werden, werden sie zu einer unkontrollierbaren Umweltbelastung. Zeit, etwas dagegen zu unternehmen!

Ich hab gelesen, dass eine einzige Zigaretten-kippe 40 Liter Wasser verseuchen kann. Das ist doch Wahnsinn!

Das stimmt. Was für eine riesige Umweltsauerei!

Aber die Raucher wissen das nicht, oder?

Ich glaube, sie machen es sich bloß nicht bewusst.

Aber wie kann man es ihnen beibringen, ohne dass sie es einem übel nehmen?

Mit einem selbst gebastelten Taschen-Aschenbecher - so als dezenter Hinweis ...

LOS GEHT'S!

1

Besorge dir das Oberteil einer Plastikflasche mit Verschluss und einen zweiten Verschluss von gleicher Größe.

2

Lass dir von einem Erwachsenen helfen, das Plastik direkt unterhalb des Halses abzuschneiden.

3

Drück jetzt den zweiten Verschluss fest in den umgedrehten Flaschenhals. Wenn nötig, tritt mit dem Fuß drauf! Wenn der Verschluss fest im Flaschenhals eingeklemmt ist, hast du ein absolut dichtes Gefäß, das sich mit dem Verschluss auf auf der anderen Seite leicht öffnen lässt.

Diesen genialen, aus Abfall hergestellten Taschen-Aschenbecher kannst du jedem Raucher, der dir begegnet, als Notfalllösung anbieten. Und ihn dabei gleich fragen, wann er aufzuhören gedenkt …

IDEE NR. 32

Natürliches Blattlaus-Spray

Jede Tier- oder Pflanzenart hat ihren Platz im Ökosystem, und dieses Gleichgewicht sollten wir so wenig wie möglich stören. Dazu gehört auch, dass wir keine giftigen Pestizide einsetzen.

Hilfe, meine Rosen sind ja voller Blattläuse!

Dann musst du mich öfter zu dir einladen! Ich fresse die nämlich gerne.

Pah, du redest immer nur davon, aber dann kommst du doch nie!

Ich bin nun mal vollauf damit beschäftigt, den Planeten zu retten.

Na ja, aber hast du nicht vielleicht eine Idee, was ich tun könnte?

Aber klar doch! Ich geb dir ein Rezept für ein natürliches und garantiert giftfreies Blattlaus-Spray.

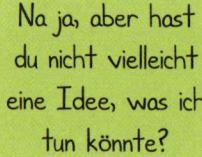

LOS GEHT'S!

Wenn die Marienkäfer anderweitig beschäftigt sind und du fürchtest, dass deine Pflanzen in Gefahr sind, kann dir dieses selbst gemachte Bio-Blattlaus-Spray gegen die kleinen Eindringlinge helfen.

1 Zerdrücke in einem Mörser zwei Knoblauchzehen.

2 Mische sie in 1 l Leitungswasser und lass sie 24 Stunden einweichen.

3 Danach kannst du die Mischung abseihen und in eine 1-Liter-Sprühflasche abfüllen.

4 Jetzt musst du nur noch die befallene Pflanze bei trockenem Wetter ab und zu einsprühen. Nach ein paar Tagen sind die Blattläuse verschwunden ...

➤ Gut zu wissen

Je weniger Chemie du in deinem Garten einsetzt und je mehr Biodiversität du zulässt, desto besser wird sich alles von alleine regeln!

 # Glossar

Ätherische Öle: Aus Pflanzen gewonnene, konzentrierte Substanzen mit öliger Beschaffenheit, die leicht verdunsten. Sie haben bestimmte Eigenschaften und duften meistens gut. **Achtung:** Nie ohne einen Erwachsenen damit hantieren!

Biodiversität: Die Gesamtheit aller Tier-, Pflanzen- und Pilzarten (und aller > Mikroorganismen) auf der Erde.

Furocumarine: Natürliche Stoffe, die in bestimmten > ätherischen Ölen (z. B. Bergamotte-Öl) vorkommen. Sie können an der Sonne ungesunde Hautflecken auslösen, daher kann man auch ätherische Öle, kaufen aus denen sie großenteils entfernt (= rektifiziert) sind.

Furoshiki: Ein quadratisches Tuch, mit dem man zum Beispiel Geschenke einwickelt (statt in Geschenkpapier). Tradition aus Japan.

Gärung: Ein Vorgang, bei dem Nährstoffe zur Energiegewinnung abgebaut werden, ohne dass > Sauerstoff dafür gebraucht wird. Es gibt verschiedene Formen von Gärung. Bei einer Form, der alkoholischen Gärung, entsteht > Kohlendioxid, deshalb sprudelt es, wie beim Herstellen von > Kefir.

Glycerin: Natürlicher Stoff und Bestandteil von Fetten. Aus diesen kann man ihn gewinnen. Wird u. a. bei der Kosmetikherstellung gebraucht.

Hydrolat: »Pflanzenwasser«, entsteht bei der Herstellung von > ätherischen Ölen. Es enthält u. a. geringste Mengen ätherische Öle. Wird in der Kosmetik benutzt, aber auch in der Naturheilkunde.

Kefirkristalle: Kefir ist ein Pilz, der sich mit Hilfe von > Gärung ernährt und, wenn er gute Bedingungen hat, ständig wächst. Da sein Aussehen an Kristalle erinnert, spricht man von Kefirkristallen.

Kohlendioxid: Ein Gas, das natürlicherweise in der Erdatmosphäre vorkommt. Menschen, Tiere und Pflanzen atmen es aus (es entsteht als Abfallprodukt im Körper). Pflanzen atmen es aber auch ein und bauen damit ihren Körper auf. Es entsteht auch bei bestimmten Formen der > Gärung. Siehe auch: Sauerstoff.

Kompost: Durch natürlichen Abbau von toten Pflanzen entstandene neue Erde. Enthält viele Nährstoffe und kann deshalb im Garten als Dünger verwendet werden.

Kontrolliert biologischer Anbau: Geschützter Begriff, der besagt, dass Lebensmittel nach festen Vorschriften artgerecht und ohne Gifte hergestellt wurden. In der Alltagssprache meist mit »Bio« abgekürzt.

Lösungsmittel: Die Substanz, in der sich eine andere Substanz löst oder auflöst. Wenn man z. B. Zucker oder Salz in Wasser gibt und darin auflöst, ist das Wasser das Lösungsmittel.

Mikroorganismen: Winzigste Lebewesen, bestehen meist nur aus einer Zelle (z. B. Bakterien, Pilze oder Viren). Sie kommen überall in der Natur vor, z. B. im Erdboden, im Wasser und sogar in unserem Körper und auf unserer Haut, wo sie lebenswichtig sind. Ohne sie wäre das Leben auf der Erde nicht möglich.

Nachhaltig: Bedeutet, dass man nur so viel von einem Stoff (z. B. Wasser, Holz) verbraucht, wie rechtzeitig wieder nachwächst, ohne dass ein Schaden an der Natur entsteht (z. B. dass das Wasser knapp wird oder der Wald ganz abgeholzt wird).

Ökologischer Fußabdruck: Beschreibt die Fläche, die ein einzelner Mensch auf der Erde für seine Lebensweise (ver)braucht (»der Fußabdruck, den er hinterlässt«), z. B. für den Anbau der Nahrung, die er isst, aber auch für die Herstellung von Kleidung und allen anderen Dingen, die er benutzt. Je kleiner der ökologische Fußabdruck, umso besser für die Natur.

Ökosystem: Die Gesamtheit eines Lebensraums aus Tieren, Pflanzen, > Mikroorganismen und der unbelebten Umwelt wie Wasser, Boden, Fels etc. Auf der Erde gibt es zahllose Ökosysteme (Wald, Meer, Teich, Watt, Gebirge, Garten ...). Aber auch die Erde selbst ist ein einziges großes Ökosystem.

Organisch: Belebt, lebendig, einem lebenden Organismus zugehörig. Die organische Chemie beispielsweise beschäftigt sich u. a. mit den chemischen Stoffen in Lebewesen.

Pestizide: Chemikalien, die beim Anbau von Lebensmitteln verwendet werden, um die Pflanzen vor Krankheiten und sogenannten Schädlingen zu schützen. Die meisten sind auch für uns Menschen giftig oder ungesund und schlecht für das Wasser, den Boden und die Luft.

Probiotika: Nahrungsmittel, die bestimmte, lebende > Mikroorganismen (meist Bakterien) enthalten, die gut für unsere Gesundheit sind.

Recycling: Wiederverwenden von Verpackungsmaterial, Stoffen wie Glas oder Papier oder Gegenständen, die nicht mehr benutzt werden. (Vom englischen *cycle* = Kreislauf und *re* = wieder, erneut.) Siehe auch: Upcycling.

Sauerstoff: Natürliches Gas, das in der Erdatmosphäre vorkommt. Pflanzen, Menschen und Tiere brauchen es zum Atmen. Pflanzen atmen es aber auch als Abfallstoff aus. Ohne Pflanzen könnten Tiere und Menschen nicht atmen. Siehe auch: Kohlendioxid.

Schöpfrahmen: Utensil zum Herstellen von Papier. Kann man selber machen oder in Bastelläden kaufen.

Tawashi: Traditioneller Putzschwamm aus Japan.

Upcycling: Herstellen oder Umwandeln von Abfallstoffen oder Dingen, die nicht mehr gebraucht werden, zu etwas ganz Neuem. Damit wird der Gegenstand aufgewertet (vom englischen *up* = nach oben und *cycle* = Kreislauf). Siehe auch: Recycling.

Zero Waste oder »Null Abfall«: Moderner Begriff für ein Ziel, das man sich als umweltbewusster Mensch setzt. Null Abfall kann man in unserer modernen Welt nie erreichen, aber es so gut wie möglich anstreben.

Register

© Éditions Rustica, Paris 2019
Die Originalausgabe ist bei Éditions Rustica erschienen.
Titel der Originalausgabe: *Défis zéro déchet*

Illustrationen: Laurent Audouin
Leitung: Guillaume Pô
Chefredaktion: Frédérique Pegeon
Bildredaktion: Julie Mathieu
Layout und Illustrationen: Amélie Garcin
Herstellungsleitung: Thierry Dubus
Herstellung: Gwendoline da Rocha

© 2019 für die deutsche Ausgabe: arsEdition GmbH,
Friedrichstraße 9, 80801 München
Aus dem Englischen von Andreas Jäger
Textlektorat: Eva Wagner
Alle Rechte vorbehalten
ISBN 978-3-8458-3711-6
www.arsedition.de

PEFC **10-31-1470** / Förderung nachhaltiger Waldwirtschaft / pefc-france.org